ヤジと
公安警察

青木理・竹信航介・ヤジポイの会 編著

寿郎社ブックレット8

はじめに――この国を「民主化」するために

道警ヤジ排除裁判原告・ソーシャルワーカー
大杉雅栄

道警ヤジ排除問題は、二〇一九年七月に、北海道札幌市で起きた。その日、参議院議員候補の応援演説で札幌を訪れた安倍晋三首相（当時）に対して、政権に批判的なヤジを飛ばしたり、プラカードを掲げようとした市民が、北海道警察（以下、道警）によって妨害を受け、さらには強制的にその場から排除されたのである。なお、筆者はヤジを飛ばして強制排除された当事者のうちの一人である。

言うまでもないことだが、ヤジというのは肉声によって行われる表現行為に過ぎず、それ自体は犯罪でもなければ、ましてやテロでもない。たまに誤解している人もいるが、公職選挙法で定める「選挙の自由妨害（選挙妨害）」にも該当しない。権力者に対して行われるヤジは、それがいくら下品に見えたとしても、政治的・公共的な言論でもある。にもかかわらず、それらを公権力の一部である警察が、特定の主張のみを標的に強制排除を行い、さらには声を上げられないように妨害してくるとしたら、それは「言論弾圧」「検閲」と言うべき事態だろう。

動画などの記録が多く残っていたこともあって、札幌での排除行為は、市民やメディアによって強く批判され、排除の違法性を問う国家賠償請求訴訟にも発展した。これを書いている二〇二三年一二月現在も裁判は継続中であるが、詳しい論点や経緯などについては、本文に目を通していただきたい。


この問題は、これまで北海道内を中心に多くの報道がなされてきた。しかし、その一方であまり注目されていないことがある。それは、上記のような排除を行った、警察の「実働部隊」の存在である。

排除当日は、多くの制服・私服の警察官が現場に臨場し、警護・警備の任務にあたっていた。その中の四名がこれまで裁判所に出廷し、排除当日の状況を述べるために証言台に立っているのだが、そのうち所属が明らかになっている三名の警察官は、すべて道警の警備部に所属する警察官だった。「警備部」という名称は、一見すると要人警護や雑踏警備などを行う担当者のように感じられるかもしれないが、その主な業務は、特定の思想・信条を持った個人や団体を監視することにある。一般的には、こうした警察官のことを「公安警察」(以下、公安)と呼び、同じく警備部所属の機動隊と合わせて「警備公安警察」などと呼称される場合もある。排除の実働部隊は公安だったのである。

実際に、道警が公表している「北海道警察の組織に関する規則」に目を通すと、警備部内の組織構成として「公安第一課、公安第二課、公安第三課、外事課……」の文字がある。それによれば、公安第一課の取り締まり対象には「破壊活動防止法に規定する犯罪」とあるが、これは要するに「日本共産党を監視する」ということの遠回しな表現である。公安第二課の業務として「極端な国家主義的主張に基づく暴力主義的活動に関する警備情報……」とあるのは右翼対策。公安第三課の「極左的主張に基づく暴力主義的破壊活動に関する警備情報……」とあるのは、六〇年代以降に大きな影響力を持った新左翼セクト（中核派や革マル派など）対策である。

彼ら公安の最大のミッションは、一般の刑事警察のように、なにか犯罪が起きたあとに、その捜査を行うことではない。そうではなく、あらかじめ「なにか」が起きる以前から、その兆候を把握し、未然に防止することにある。もっと言えば、「なにかが起きるかもしれない」ということを根拠として、特定の思想を持った個人や団体を監視し、その活動の広がりを妨げること。

もちろん、「テロを防止する」といった大義名分そのものは、必ずしも否定されるべきではないだろう。誰だって無差別爆弾テロのような事件が起きるのは避けたい。しかし、それを錦の御旗にして（ほとんど）違法な情報収集や取り締まりまでをも行うとすれば、それは民主主義や法治主義を掲げる国家のあり方とは相容れない存在となってしまう。実際、公安はその活動として、ごく微罪やでっち上げの容疑で監視対象者を逮捕し（「転び公妨」など）、家宅捜索を行い、それによって対象組織にダメージを与えると同時に、情報収集を行う、といったことさえもある。

また、さらに重要なこととしては、こうした監視や取り締まりの対象が必ずしも「過激な団体」

に留まっているという保証がないということである。右翼や左翼のテロに勢いがあった七〇年代、八〇年代ごろならいざ知らず、今どき組織的なテロや違法行為、ましてや「国家転覆」などの大それたことを主張し、組織的に実行する団体というのは寡聞にして知らない。そうなると「危険な組織」を監視する公安の業務は不要になってしまうが、そうした統廃合を避けるために自己拡大するのは官僚組織の常である。そこで公安は「特に危険でないが、社会に物申す団体や個人」までも監視の対象に含めようとする。なにか政府を批判するテーマ（たとえば脱原発や入管行政の改革、自民党の裏金問題など）で大規模なデモが行われれば、それが「過激な団体」の主催によるものでなくても、公安はその参加者の様子を写真などで記録しようとする。こうなってしまえば、もはや「公安は思想犯罪やテロを防ぐための組織である」という名目は吹き飛び、単に社会において声を上げる人々を監視する存在になってしまう。

民主主義社会においては、人々がどのような思想・信条を持つことも原則的に自由であり、各個人の内面は、国家による監視から自由でなければならない。そうでなければ、民主主義は萎縮してしまうからだ。その意味で、公安警察というのは、この国の憲法などが保障する自由や人権を空文化し、民主主義が展開していくのを妨げている存在であるとも言える。

これらのことを踏まえて考えた時、ヤジ排除問題の実働部隊が公安警察であったことは偶然ではないという気がしてくる。彼らはその日常業務として、国家の名において「好ましい言論」と「好ましくない言論」をあらかじめ峻別しており、さらに実際に「好ましくない言論」を発信しようとする個人を危険視し、取り締まることをいとわない。彼らの脳内においては、それらは「テロ防止」

「犯罪防止」のために必要な活動なのかもしれないが、取り締まられる側からすれば、単なる言論弾圧に他ならない。

道警の公式見解によれば、ヤジ排除は「現場の判断で行ったこと」であり、上官からの指示や組織的なヤジ排除の方針は存在しなかったという。しかし本当にそうなのか。ヤジ排除問題について掘り下げて考えるために、私たちは公安警察という組織を知る必要があるのではないか。

二〇二三年九月一六日、ヤジ排除問題に取り組むヤジポイの会では、公安の実態に踏み込んだ著作『日本の公安警察』などで知られる、ジャーナリストの青木理さんを札幌に招き、シンポジウム「青木理氏と道警ヤジ排除を語る」を開いた。公安警察とはなにか、ヤジ排除問題の背景になにがあったと考えられるか、安倍政権と警察官僚の関係はどのようなものか、市民は公安のような組織と一体どう向き合っていけば良いのか……。会場には二〇〇人以上が詰めかけ、一般のイベントではまず聞くことのできない、スリリングな議論が展開された。

本書は、会場での議論を記録に残すことで、会場に来ることのできなかった方にも、議論をおすそ分けすることを目的としている。これらの議論を通して、公安や政治を捉える解像度が少しでも上がり、この国を「民主化」するためのヒントが得られるとしたら、これ以上幸いなことはない。

目次

ヤジと公安警察

シンポジウム「青木理氏と道警ヤジ排除を語る」登壇者
青木理（ジャーナリスト）
竹信航介（弁護士・道警ヤジ排除裁判弁護団員）
大杉雅栄（道警ヤジ排除裁判原告）
桃井希生（道警ヤジ排除裁判原告）
司会　葉月蒼介（ヤジポイの会メンバー）

あの日、何が起きたか

桃井　みなさん今日はお忙しいところ、お集まりいただきありがとうございます。たくさんの方に来ていただき、本当にうれしいです。

道警ヤジ排除事件が二〇一九年七月一五日に起きて四年が経ちました。私は原告二人のうちの一人、桃井《ももい》希生《きお》と申します。隣に座っているのがもう一人の原告の大杉雅栄《おおすぎまさえ》さんです。私たちは札幌駅前で行われた安倍晋三首相（当時）による参議院議員選挙の街頭演説中にヤジを飛ばし、大勢の警察官によって排除されました。

具体的に何が起きたのかを簡単に説明します。

夕方四時半頃、安倍晋三が演説を始めると、直後に大杉さんが「安倍やめろ」とヤジを飛ばし、すぐに警察に連行されました。大杉さんが排除されていくのを見た私もその後に「増税反対」とヤジを飛ばしました。私の場合、この後一時間以上にわたって二人の警察官につきまとわれました。このとき「ジュース買ってあげる（だから街宣車に近づかないように）」「ウィンウィンの関係になりたい」などと言われています。一人に左腕をつかまれ、もう一人に右腕をつかまれていました。

休刊日を挟んで二日後の新聞報道では、排除のあった事実を朝日新聞しか取り上げませんでしたが、スマホで撮影された排除の様子が拡散されSNSで話題になったことで、他のメディアも次々に報道を始めました。すると、この日に排除されたのは私たちだけではなかったことが判明します。たとえば、「年金一〇〇年安心プランどうなった？」と書かれたプラカードを掲げただけの人も同様に排除されています。最終的には、合計一〇人が同じ日に同じ街で警察官によって妨害または

排除されていたことがわかりました。そこで私たちはこの日に起きたこれらすべての排除を総称して「道警ヤジ排除事件」と呼び、当事者と支援者で道警への抗議活動を行うことにしました。

道警ヤジ排除事件からおよそ一カ月後、初めて行った抗議デモのときに反町隆史の『ＰＯＩＳＯＮ～言いたい事も言えないこんな世の中は～』という曲のパロディとして「ヤジも言えないこんな世の中じゃ…デモ」という横断幕を掲げたことをきっかけに、私たち当事者と支援者の会は「ヤジポイの会」と名乗ることにしました。ですから「ヤジポイ」の「ポイ」は、ヤジを飛ばして警察に「ポイッ」とされたからではなく「ＰＯＩＳＯＮ」の「ポイ」なのですが、「ポイッ」の方がわかりやすいかもしれません（笑）。

強制排除の〝法的根拠〟とは

桃井　二〇一九年一二月、私たちは北海道に対し国家賠償請求訴訟を起こして裁判闘争を始めました。この裁判の論点は公職選挙法違反ではありません。公共の場でおしゃべりする人は世の中にたくさんいます。肉声のヤジもこれと同様で、公職選挙法違反の選挙妨害にはあたらないという判例があります。選挙妨害になるのは、たとえば、街宣車の横に自分の街宣車を乗り付けて拡声器で演説をかき消すような行為です。

では、私や大杉さんの行為は公職選挙法違反にあたらないにもかかわらず、道警側はなぜヤジ排除の正当性を主張しているのでしょうか。その根拠は、大まかに言えば警察官職務執行法（以下、警職法）第四条と第五条にあります。

警職法第四条というのは、市民を危険な状態から避難させるための法律です。たとえば、ヒグマに襲われそうになっている人を強制的に避難させるといったようなときに適用されます。そして道警はこの条文を根拠として、私や大杉さんを手で押す人や睨みつける人がいたなどといったことを挙げ、「自民党支持者の中で安倍元首相や自民党の政策に反対する声を上げて、反感を買い、支援者からの暴行に発展する恐れがあった」というふうに排除を正当化しています。

一方、警職法第五条は、犯罪をまさに行おうとしている人の行動を警察が制限できる法律です。これを根拠として道警は、「原告の二人が周りに危害を加える恐れもあったので排除した」というような主張もしています。大杉さんが持っていたA4サイズのカバンの中に何か入っていた可能性があることや、大杉さんが安倍元首相に向かって中指を突き立てていたこと、桃井が顔を赤くしながらヤジを飛ばしていたことなどを挙げて、排除もやむなしだったという主張をしています。

言わずもがなですが、この事件の問題点は、表現の自由を〝警察が奪った〟ということです。「自民党支持者が奪ったのならまだよかった」とは言いませんが、警察という国家権力の手で市民の声を奪うなど言語道断です。腕をつかんでつきまとってきた警察官たちは、「お願いだから声を出さないで」「お願いだから演説会場に行かないで」と私に言っていましたが、「お願い」と口にしたところで実質的には強制排除です。しかもそれが白昼堂々、大勢の人やメディアがいる前で起きたのです。

さらに、ヤジ排除事件について警職法第四条・第五条を根拠とする弁明が道警からあったのは二〇二〇年二月、つまり事件発生から七カ月も経ったあとのことでした。裁判には、排除に関わった警察官四名が証人として出廷しましたが、その全員が道警本部警備部などに所属する、いわゆる公安警察でした。公安警察は、特定の思想に基づく団体や個人を監視することを職務としている組織ですから、強制排除の背景に国の指示があったかどうかということも、この事件の大きな論点となっています。

道警ヤジ排除裁判原告・桃井希生

道警側が提出した新証拠

桃井　二〇二二年三月二五日、ヤジ排除の違憲性・違法性を認めた札幌地裁の判決は、私たちの「全面勝訴」と言っていいものでした。大杉さんの事件では表現の自由の侵害が認められ、北海道に対して三三万円の賠償命令が出ました。また、私の事件では表現の自由に加え、移動・行動の自由や名誉権、プライバシー権も侵害されたことが認められて五五万円の賠償命令が出ました。合わせて八八万円です。

ところが、喜んでいたのもつかの間、二〇二三年六月二二日、札幌高裁では、〝半分勝訴〟という結果になりました。私の事件に対する判断は変わらず勝訴しましたが、大杉さんの事件で敗訴したために、私たちはこの結果を〝半分勝訴〟と呼んでいます。

なぜ、地裁と高裁で判決が変わったのでしょうか。高裁では道警側が新しい証拠を提出してきました。そのうちの一つが自民党の選挙運動員による陳述書です。この人物は高橋はるみ元北海道知事の選挙対策事務所に所属していて、当日は高橋の演説などの動画を自民党の支援者に向けて配信していました。大杉さんがヤジを飛ばしたとき、この人物は「『うるさい、黙れ』などと声を出すことができなかったので、右手の握り拳で大杉さんの左腕付近を押した」と主張しているんですね。その後、大杉さんがヤジを止めないので、手のひらでも押したそうです。つまり、大杉さんに二回、いわゆる暴行をしているわけです。そして、その本人が「このままだったら大杉さんを力ずくでも黙らせようとしたと思うので、大杉さんを連れていってくれた警察官には感謝している」というような陳述をしているんです。

また、道警はもう一つの新証拠として動画を提出しました。それは、「大杉さんを排除しなかった場合、このような危険性があった」と示すための再現動画です。動画の内容は、「道警一郎候補」と書かれたタスキを掛けた候補者役の人物が演説をしていて、そこに大杉さん役と思しき人物が突進したり、候補者にボールを投げたり、ポールを振り回したり、さまざまな手法で攻撃するというすごいものです。もちろん、実際にそんなことは起きていません。同様に、私の事件についても再現動画が提出されました。私の役の人は背格好まで似ていて、演出が細かいです（笑）。

そういうわけで、高裁は〝半分勝訴〟という残念な結果になったものの、少なくとも私の事件に関しては、「やっぱりヤジ排除は憲法違反だ」というところまで認められています。

とりあえずここで私が言いたいのは、「ヤジというのは社会になくてもすぐに人が死ぬようなものではないけれども、ヤジすら飛ばせない社会でいったいどんな表現の自由があるのか」ということです。そんな問いかけをして終わりたいと思います。

排除を正当化する特別な理由

竹信　みなさん、どうもこんにちは。弁護士の竹信航介《たけのぶこうすけ》と申します。私はこの道警ヤジ排除事件の訴訟代理人の一人で、今日は裁判の説明をするために来ました。できるだけわかりやすくお話したいと思っています。

まず、時系列ですね。桃井さんが言ったとおり、二〇一九年七月に事件が発生して、二〇一九年一二月に国家賠償請求の訴えを起こしました。二〇二二年三月に札幌地裁で勝訴判決が出て、被告（道、道警側）から控訴されました。これを受けて高等裁判所に移り、二〇二三年六月に札幌高裁で大杉さんの事件については逆転敗訴、そして桃井さんの事件については原審のまま、つまり勝訴のままということになっています。その後、大杉さんが上告と上告受理申立をしています。そして、桃井さんの事件についても道側が負けていますので、道が上告受理申立として不服申し立てをしているため、すでに事件は最高裁判所に移っています。

次に、主張立証の構造、つまり裁判ではどういう主張立証がされていたのかという話を簡単にします。最初の段階では、道側が何を根拠にこのような暴行をしているのかわからない状態でしたので、いろいろな可能性を考えて反論を書きましたが、基本的には「排除は暴行であり、暴行は違法だ」ということに尽きます。「つきまといはプライバシー権等の侵害だ」ということも書きました。排除やつきまといが違法ではなくなるためには、何か特別な理由が必要ですよね。でも道側が主張する特別な理由なんて最初の段階ではわかりません。ですから「その特別な理由とはこうかもしれない、いやこうかもしれない」と仮定し、「でも全部当てはまらないよ」と結論づけて訴状を出したのです。

結果として、被告である道から「この排除は違法性阻却《そきゃく》事由があるから、例外的に適法《てきほう》だ」という主張がされました。違法性阻却事由というのは、原則違法であるものを例外的に適法にする法律上の理由のことですね。で、その違法性阻却事由が何かというのが問題なんですけども……。実は私、そこで道がどういう言い訳をしてくるのかということに興味があって弁護団に入ったんですよね。そして実際、道が主張してきたのは、先ほど桃井さんから説明のあったとおり、警職法第四条一項と第五条でした。

本当に「危険な事態」だったか

竹信　警職法第四条一項の条文は次のとおりです。

警察官は、人の生命若しくは身体に危険を及ぼし、又は財産に重大な損害を及ぼす虞《おそれ》のある天災、事変、工作物の損壊、交通事故、危険物の爆発、狂犬、奔馬《ほんば》の類等の出現、極端な雑踏等危険な事態がある場合においては、その場に居合わせた者、その事物の管理者その他関係者に必要な警告を発し、及び特に急を要する場合においては、危害を受ける虞のある者に対し、その場の危害を避けしめるために必要な限度でこれを引き留め、若しくは避難させ、又はその場に居合わせた者、その事物の管理者その他関係者に対し、危害防止のため通常必要と認められる措置をとることを命じ、又は自らその措置をとることができる。

（警職法第四条一項）

さて、大杉さんや桃井さんがヤジを飛ばしている映像を見てもわかるように、この第四条一項でいう「危険な事態」というのは実際に発生していませんよね。つまり、「それほどの危険な事態においてはたしかに避難させることができるかもしれないけど、危険な事態なんてなかったでしょ、だから避難させることができる場合には当たらないんだよ」というのがこちらの主張です。一審地裁はこちらの言い分が通り、二審高裁の大杉さんの事件では通りませんでした。

次に、別の場面で根拠として挙げられた警職法第五条も見ていきましょう。

警察官は、犯罪がまさに行われようとするのを認めたときは、その予防のため関係者に必要な警告を発し、又、もしその行為により人の生命若しくは身体に危険が及び、又は財産に重大な損害を受ける虞《おそれ》があつて、急を要する場合においては、その行為を制止することができる。
（警職法第五条）

犯罪が起こるよりも少し前の段階で制止できるのが、この警職法第五条です。たとえば、道側が提出した再現映像の中に、カラーコーンに取り付けられたバーを手に取って打ちかかる大杉さん役の警察官が出てきましたが、ああいうようなことをしそうだという明らかな兆候があるときには制止できるということですね。たしかにあれが現実に起こったら、それはもう「攻撃対象の生命身体に危険が生じる」と言えるでしょう。ただ、問題は「客観的に見てそういう恐れが本当にあったと言える事情があったのかどうか」ということです。

こちら側としては「ただヤジを飛ばしているだけなんだから、そんな危険なんて生じていなかったでしょ」と主張していますが、高裁は「そんなことはない。大杉は手を挙げた後に手を下ろして、もう一度手を挙げている。そのときに凶器を取り出す可能性があったから、そこで制止するのは正当だ」ということを言っています。

そんなわけで一審は「違法性阻却事由は認められない」ということだったんですが、二審では大杉さんの事件については「認められる」、桃井さんの事件については「認められない」と判断がわかれたんですね。

大杉さんは札幌駅前と三越前の二カ所でヤジを飛ばしていますが、札幌駅前でのヤジについて、高等裁判所では次のように判断されました。いろいろと書いていますが、下線部だけ読んでもわかると思います。

上記認定事実1（1）イに照らせば、被控訴人1は、安倍総裁による街頭演説開始後間もなく、相当数の自由民主党支持者らを含む多数の聴衆が密集していた場所において、演説車両に向かって「安倍辞めろ」「帰れ」などと大声で繰り返したところ、周囲の聴衆からこれに反発する声が上がり、被控訴人1の左隣で街頭演説の状況を動画撮影していた聴衆の一人が、被控訴人1の大声での連呼により動画撮影が妨害されたことに立腹して、被控訴人1の左上腕付近を右手拳と右平手で合計2回にわたりいずれも相応の力で押すという明らかな有形力の行使に及んだこと、被控訴人1は、制服警察官から大声を出さないように警告を受けたにもかかわらず、これを無視して大声での連呼をやめようとしなかったことが認められ、これらの事情に照らせば、警察官らが本件行為1（1）に着手した時点で、周囲の聴衆と被控訴人1との間でもめ事に発展し、被控訴人1が聴衆から暴行等を受ける具体的かつ現実的な危険性が切迫し、単に警告を行うのでは不十分であって、被控訴人1に対し、即時の強制的な退避措置を講じなければ危害を避けられない状況にあったものと認めるの

弁護士・竹信航介

が相当であり、警察官らの当該判断は社会通念に照らして客観的合理性を有するものと認めることができる。（判決文）

札幌駅前では、周囲の聴衆から大杉さんの言動に反発する声が上がり、聴衆の一人が有形力の行使に及びました。高橋はるみの選挙対策事務所の人物のことです。札幌高裁は、大杉さんは大声を出さないように制服警察官から警告を受けたにもかかわらず、これを無視して大声での連呼を止めようとしなかったという道側の主張を認めています。つまり、「こういった事情に照らして考えると、警告だけでは駄目で、強制退避をしなければ大杉さんが危害を受けることを避けられない状況にあった」という認定をしたということになります。これが適切な認定なのかどうかというのはみなさんのご判断に委ねたいと思います。

次は、三越前でのヤジに対する高裁の判断です。

上記認定事実（1）ウに照らせば、被控訴人1は、北5条手稲通の横断歩道を演説車両のある南側に向かって渡り、南側の歩道の直前で、安倍総裁のいる演説車両に向かって突然走り出したものであるところ、演説車両に接近するという物理的な動作を伴い、かつこれに向かって突進するという当該行為態様に照らせば、当該行為を現認した警察官らにおいて、被控訴人1が演説車両上の安倍総裁や候補者らに対して危害を加える危険性が切迫しており、直ちに実力によってこれを阻止しなければ当該危害が加えられてしまうものと判断したことは、社会通念に

照らして客観的合理性を有するものと認めることができる。（判決文）
――

演説車両に接近するという物理的な動作を伴い、かつ、これに向かって突進するという当該行為態様があったとされていますが、これはおそらく三越前ではなく、その前に警官たちに大杉さんが移動させられた後に演説者に向かって少し走り出したことを指していると思います。こういった状況なので、警察官が「危険性が切迫していて、直ちに阻止しなければ危害が加えられてしまう」と判断したことは合理的だと高裁は認めたわけです。これについても「現に大杉さんが突進したところを見ていた警察官と三越前で大杉さんを見ていた警察官は違う人じゃないですか」などといろいろな反論をしていますが、高裁では認められませんでした。

上告と上告受理申立の違い

竹信　事実関係について言いたいことはいろいろとありますが、基本的に上告審は事実関係を扱ってくれません。最高裁はあくまでも、高裁までに認定した事実に基づいて、法律の適用に誤りがあるかどうか、憲法違反がないかどうかを審査するところだからです。

上告というのは、控訴と同じように裁判に直接不服申し立てをするということで、裁判所はこれに応答しないといけません。ただ、この上告では、基本的に憲法違反しか主張できないんですね。だから大抵の場合、こじつけてでも憲法違反を主張するんですが、上告審の裁判例の多くにこのような定型句が入っています。「上告人は憲法違反を言うが、その実質は事実誤認、または単なる法令違反を主張するものである」と。つまり、最高裁が憲法違反だと認めた上でまともな応答をしてくれることは実に少ないんですね。こういう定型句を用いながら五行ぐらい書いて「応答しましたよ」という形だけ作って上告棄却、ということが非常に多いんです。

これに対して上告受理申立というのは、憲法違反だけでなく重要な法令違反も主張できるんですね。ですから、上告受理申立が本命ということは結構あります。ただこれは、裁判所が重要だと認めない限り受理してもらえないんですね。「重要ではなかったです」ということで、受理せずあっさり終わってしまうことがよくあります。

つまり、上告は応答しなきゃいけないけど三行半、上告受理申立はそもそも応答しなくてもいいということで、結局、最高裁は上告も上告受理申立も蹴ってしまうことが非常に多いです。本件もそのような扱いをされる可能性は十分にあります。

ただ、本件は社会的影響も大きい事件ですし、高裁の認定もどうかなと思うところがありますので、我々弁護団としては何とか最高裁で取り上げてほしく、先日、上告と上告受理申立をし、内容を充実させた書面を提出したところです。

ちなみに道側も桃井さんの事件について上告受理申立をしていますので、最悪の場合、こちらの上告や上告受理申立は蹴られ、道側の上告受理申立は受け入れられて、結論が全部ひっくり返るということもありえます。そんな悲観的な話ばかりしてもしょうがないですけどね。

そういうわけで今は、上告審に向けて裁判所がどういう応答をしてくるのかを待っている状態です。私からは以上です。

ウクライナ侵攻は突然起きたのではない

司会　ここからディスカッションに入ります。まず大杉さんにうかがいます。今回はどういった理由で、青木さんをお招きしたのでしょうか。

大杉　原告の大杉です。この裁判では警察官四人が法廷に出てきたんですが、桃井さんも言ったように、その警察官というのが全員、いわゆる警備部門に所属する公安警察でした。一般の刑事事件を取り扱うのではない、いわば思想警察みたいな人たちのことを公安警察と言いますけれども、道警ヤジ排除事件は公安警察による事件であるという観点からはあまり報道されてこなかったんですよね。ですから今回は公安警察に的を絞り、『日本の公安警察』（講談社現代新書、二〇〇〇年）を書かれている青木さんからぜひお話を聞いてみたいと思い、企画しました。

司会　では、続いて青木さんにうかがいます。この事件をどう受け止めていらっしゃいますか。

青木　こんにちは。先ほど『ヤジと民主主義』というドキュメンタリー番組を作ったＨＢＣ（北海道放送）の山﨑裕侍《やまざきゆうじ》さんから少し取材を受けました。非常に優れたテレビ報道記者ですけれども、山﨑さんに

ジャーナリスト・青木理

よると「ヤジなんて飛ばすのはそもそも迷惑な奴なんだから、排除しちゃってもしょうがないんじゃないか」という声が世間ではだいぶ多いそうですね。今日ここにいらっしゃっている方のほとんどはそんなふうには思わないんでしょうけれども……。ただ、この二人のような人物を排除していった先にどのような社会が待っているかということを、本当に深刻に僕らは考えるべきなんですね。

話は少し脱線しますが、奈倉有里《なぐらゆり》さんという方をご存知でしょうか。若いロシア文学者で『夕暮れに夜明けの歌を――文学を探しにロシアに行く』(イースト・プレス、二〇二一年)という本を出されています。これが非常に示唆的なんです。奈倉さんは二〇〇四年からロシア国立ゴーリキー文学大学に留学していて、この本はそのときの日々を綴った留学記のようなものです。同時に非常に優れたノンフィクションで、一言で言うと、ロシアによるウクライナ侵攻はある日突然起きたわけではないということがわかる本です。二〇〇〇年代から徐々にプーチン政権が権威主義化、強権化していって、一方でそれに反比例するかのように言論の自由や報道の自由、表現の自由がどんどん失われていき、その結果としてロシアのウクライナ侵攻は起きたということを、日々の留学生活を通じてかなりヴィヴィッドに描いています。文学大学ですから、基本的にリベラルで政治権力に懐疑的な先生たちが多いんですね。そうした先生たちが、排外主義やナショナリズムが煽られる中で突然ある時期から差別的な言葉を口にするようになっていくんです。奈倉さんはそうやって日常にも徐々に変化が起きて、プーチン政権は強権化、専制主義化していき、その果てにロシア軍によるウクライナ侵攻が起きたのではないかと指摘しているわけです。これは決して他人ごとではないと僕は思うんです。

ヤジ排除の先にあるもの

青木　二〇二三年八月三一日に奈倉さんが毎日新聞に寄稿をされていました。その内容の一部を紹介します。

> では、なぜ戦争が起きたのか。政治学者、エカテリーナ・シュリマン氏の言葉を借りるなら、「もはや止めるべきときに権力者を止められない社会構造になっていた」ためだ。政府に批判的なメディアが潰され、文化・教育機関のトップが政府見解におもねる人物に総入れ替えさせられ、それに異議を唱える職員は解雇され、人権団体や法的支援団体が弾圧された。
>
> （毎日新聞「世論調査で見えない露の「本心」ロシア文学者・奈倉有里氏」）

もちろん、ロシアによるウクライナ侵攻に関しては、他にいろいろな背景や捉え方があると思います。ただ、こうした事態はロシアだけで起きることではないということは言えるでしょう。古今東西、あるいは政治体制の左右を問わず、治安機関や権力機関が極度に強い社会は、大抵ろくでもないんですよ。ヤジなどの表現の自由が排除された先に息苦しい社会が待っていて、最終的に強権的な政治体制みたいなものが形作られるという見方は、決して大袈裟ではありません。ですから、たかがヤジ、されどヤジ。一方、政治権力に対して本当に発しなければならない言葉を我々メディアは発しているんだろうか。そういったことも含めて私はこの事件を非常に重要でエポックなテーマだと思っていますので、人前で話すのは苦手なんですけれども、今日は北海道まで来ました。

司会 ロシアではウクライナを侵攻した後、たとえば市民が街に出て「戦争反対」のプラカードを持っているだけで排除され、挙句の果てには真っ白な紙を持って立っているだけで逮捕されるということまで起きています。

青木さんとしては、ヤジ排除の行き着く先が、そうした強権的な社会になりかねないし、そうなる前にきちんと止めていかなければいけないという考えから、「言論の自由」や「表現の自由」に関わる問題として受け止めていらっしゃるということでしょうか。

青木 おっしゃるとおりです。先ほど奈倉さんの文章にもあったとおり、止めるべきときに止められない社会構造になったら終わりなんですね。そうなる前に、政治的意思の表明、特に政治権力者や為政者に対する表現がわずかでも規制や排除を受けたときには、きちんと声を上げておかなければならない。

「言論NPO」という非営利シンクタンクの代表を務める工藤泰志さんは、「民主主義を見直す努力を怠ってしまうと、下りのエスカレーターを下から歩いているようなもので、どんどん落ちてしまう」[1]とおっしゃっています。じっとしていると、そのまま落っこちていって床に叩きつけ

1 二〇一五年三月二一日「「平和」と「民主主義」を考える新しいドラマのスタートに ～2日間にわたる議論から見えてきたもの～」(https://www.genron-npo.net/podcasting/post_91.html)

られてしまうから、いつでも必死になって駆け上がる努力を続けていないと、民主主義や言論の自由は守られないんですね。納得できる言葉ですよね。私も「こんなことをしたらおかしいじゃないか」という声を常に上げ続けることが必要だと思います。

安倍政権は「警察政権」だった

大杉　青木さんはヤジ排除のニュースに初めて触れたとき、どのように感じられましたか。

青木　率直に言って、「ああ、警察っていうのはここまで忖度するようになったんだな」と思いましたね。ちょっと異常なんですよ。先ほど映像でも改めて拝見しましたが（当日会場では排除の様子を捉えた映像が流れた）、あの〝異常な過激さ〟みたいなものは、いったいどこから出てくるんだろうか。現場の公安警察官があれぐらいのことで腫れ物に触れるように行動するというのは、僕の感覚ではちょっと考えられませんね。明示的か暗黙か、政府からの指示や警察側の忖度がなければ、あんなことまではしない気がします。

安倍政権は「経産省政権」と言われています。つまり経産官僚が政権の中枢に突き刺さっているということです。それ自体は間違っていませんが、実を言うと、安倍政権というのは戦後歴代政権の中では極度に顕著な「警察政権」でもあったんですね。霞が関で各省庁の総合調整をする官房副長官も、公安部門出身の元警察官僚の杉田和博さんが一貫して務めていました。官僚の人事を官邸で決定する「内閣人事局」という部署が安倍政権下で設置されましたが、その局長も実は杉田さんが一時期兼務していました。ご存知のとおり、この内閣人事局の存在によって官僚の中に忖度や萎縮の空気がものすごく広がって、果ては財務省で公文書改ざんまで起きてしまったんですが……。また、総理大臣をはじめ、防衛大臣や外務大臣などが集まって国家の安全保障や防衛政策の総合的なことを決める「国家安全保障会議」という機関も設置されましたが、それを取りしきる局長も公安部門出身の警察官僚でした。

そう考えると安倍政権は、各省庁の総合調整から幹部官僚の人事、安全保障、外交や防衛までを警察官僚出身者が取りしきるという、戦後およそありえないほどの警察政権でもあったと言えるんです。それが、某テレビ局の元ワシントン支局長の逮捕状が握り潰された一件[2]にもつながったのかもしれない。また、文部科学事務次官だった前川喜平さんは、加計学園をめぐる問題[3]で告発しましたが、彼が出会い系バーに通っていたという情報が、なぜか告発の直前に「読売新聞」(二〇一七年五月二二日朝刊)に出た例もあります。こんなことを調べられるのは公安しかいませんよね。そういった、警察が関わっているとしか思えないような動きがあちらこちらで見受けられました。

2　二〇一五年四月にジャーナリストの伊藤詩織さんが『総理』などの著書のある山口敬之TBSワシントン支局長(当時)と飲食をした後レイプされたとして告訴していたが、逮捕状が発行されたにもかかわらず、直前で取りやめとなり不起訴処分となった。なお民事では、同意なく性行為に及んだ事実が認定され、約三三二万円の賠償を命じられている。

3　二〇一七年一月、学校法人加計学園は五二年間どの大学にも認められていなかった獣医学部の新設を認められたが、理事長が安倍首相(当時)の長年の友人であったため、便宜を図ったのではないかという疑いが持たれた。前川さんは記者会見を行い、「これは総理のご意向」などと記された文書が存在したことを証言している。

そして、その影響がヤジ排除にも及んだのではないかという印象を僕は持っています。つまり、「安倍政権に反旗を翻したり失礼なこと言ったりするやつはとにかく排除しなくちゃいかん」といったような、政権や官邸の直接の指示がなかったとしても、警察政権であるがゆえに、警察庁あるいは現場の北海道警にそうした空気が蔓延したのではないかということです。それが結果的にああいう過剰で異常な排除を招いたように思います。

司会　ありがとうございます。桃井さんから何かコメントはありますか。

桃井　今回のヤジ排除事件について、私たち原告側は組織的な事件である可能性を指摘し続けてきましたが、裁判でそれは認められていないし、もちろん今の政権や北海道もそれについては何も言及していないという状況です。でも、末端の人たちだけが勝手にやったことであれば、「下の者がやったことで自分たちは関係ない」というポーズを取って切り捨て、非を認めることもできたはずですよね。ところが実際は、鈴木直道知事にしても他の政治家にしても「ヤジは迷惑だ」というような発言を繰り返すばかりです。一審の地裁判決でも二審の高裁判決でも、警察の行為について憲法違反があったことはしっかり認められているのに、今の政権も北海道も反省の姿勢どころか意に介す素振りさえまったく見せません。それがすごく恐ろしいと思っています。

「左翼がのさばると国が滅びる」という発想

司会　今日はこれまで何度か「公安」という言葉が出てきていますね。「公安」と聞くと、なんとなく運転免許証とか、交通に関するイメージをお持ちの方もいらっしゃると思いますが、どのような組織なのか、改めて説明していただけますか。

青木 そうですね、たぶん今も会場のどこかにいらっしゃるかもしれませんが（笑）。今日の内容はできるだけ正確に上司に報告していただけると助かります（笑）。

一般の方が警察という組織に触れる場所といったら、交番がいちばん多いでしょうね。また、今お話があったように、交通警察と接触する機会も多いかと思います。警察には本当にいろんなセクションがありますよね。たとえば刑事警察は、凶悪犯罪を捜査したり選挙違反をした人を捕まえたりしています。薬物や少年犯罪を担当している生活安全警察もありますね。昔は防犯警察と言いましたけれども。

このようにたくさんあるセクションの中で、公安警察の一義的な定義は「一定の政治思想を背景とする犯罪行為や違法行為を取り締まる部署」です。また、警備警察というのもあって、これはいわゆる機動隊ですが、「警備公安警察」として公安警察とほぼ一体のものとして運用されています。

戦後日本の場合、基本的に公安警察というのは〝反共〟、つまり左翼を取り締まるというのが、史上最大の命題でした。特に共産党、中核派や革マル派、日本赤軍といった新左翼セクト、あるい

4 公安警察による集会視察の方法については、青木理『日本の公安警察』（講談社現代新書、二〇〇〇年）七八〜八〇頁を参照のこと。

は朝鮮総聯などのいわゆる左派系の各種団体を取り締まることを最大の名目として運用されてきました。

今ではかつてほどではなくなってきているものの、もともと公安警察は警察組織の中で最大の力と最大の人員を持つ部門でした。僕も直接聞いたことがありますが、公安の警察官がよく言っているのが「泥棒を捕まえなくても国は滅びないが、左翼をのさばらせれば国が滅ぶ」。そういう発想で、左翼事件の捜査と同時に左翼勢力の監視や情報収集を任務として、戦後、組織を肥大化させ続けてきました。

僕が『日本の公安警察』を書いたのは一九九九年で、一九九〇年代まで一貫して組織が巨大化していました。警視庁刑事部捜査第一課はドラマでもお馴染みですよね。東京都内における殺人事件や誘拐事件などを捜査する、ある意味で警察組織の中の花形部署です。僕が新聞記者として取材を担当していた頃、警視庁刑事部捜査第一課は大体三〇〇人ぐらいいました。同じ時期、警視庁公安部公安第一課は、中核派や革労協など、かつてはゲリラ事件や内ゲバ事件を起こしていた新左翼運動の取り締まりをしていたんですね。一九九五年の時点でこちらもやはり三〇〇人いました。つまり花形部署の刑事部捜査第一課と同じくらい人員がいたんです。しかも公安部の場合は、所轄にもたくさん関係部署がありますから、警察内部で最も力を持っていました。実際、「警備公安警察にあらずんば人にあらず」と言われていたくらいです。

警察庁長官というのは、キャリアとして警察に入った警察官僚のトップです。また、警視庁のトップである警視総監というのは、警察官の階級のトップでもあります。警察官は巡査で入って、巡査部長、警部補、警部、警視と階級が上がっていくんですが、その階級のトップが警視総監なんですね。つまり、首都警察のトップというのは、警視庁のトップであると同時に警察官の階級のトップでもあるんです。階級と役職が一致している唯一の立場がこの警視総監です。警察官僚の中でもちょっと変わった人や職業意識が強い人の中には、警察庁長官よりも警視総監になりたいと考える人もいました。これは日本の警察組織のナンバーワンとナンバーツーですね。

このナンバーワンとナンバーツーは、九〇年代まではほとんど警備公安部門出身の人が務めました。やはり「警備公安警察にあらずんば人にあらず」。警備公安警察こそが警察のエリートであり本流だとされる時代がずっと続いたんですね。

つまり、一般の人とはあまり触れ合わない、顔が見えない部門であっても、警察の中では非常に強い力を持っている最大勢力が、ある政治思想に裏打ちされた事件を捜査するという名目で、左翼系の団体や関連する人々を監視しているわけですね。

これって法律的にはすごく微妙なんですよ。本来、警察というのは、犯罪が起きたら捜査して容疑者を検挙するものであって、これが最大の眼目です。起きてもいない犯罪を捜査したり、犯罪を犯す蓋然性もない人たちを監視したり尾行したりして情報収集するのは、警察活動として法的にはグレーなところもあります。公安警察はそれを主な仕事としている部署であり、思想・信条や内心の自由、場合によっては表現の自由とも非常に密接に関わるようなところを取り締まっています。先ほど大杉さんが「思想警察」とおっしゃいましたが、思想警察であり政治警察でもあることが、公安警察の本質なのかなという気がします。

どこまでが監視対象か

司会　公安警察は左翼系の団体などを監視しているということですが、どれくらいの範囲が公安警察にとって興味関心のある情報なのでしょうか。たとえば大学のサークルなども監視していますか。

青木　この集会は完全に監視されていると思いますよ（笑）。公安警察には人がたくさんいるんです。それから暇なんですよ、暇。ですから、たとえば大学のサークルの中に、彼らが「これは監視対象だ」と言えるような団体の周辺者や当事者がいれば間違いなく監視対象です。先ほど控室でも大杉さんと少し話したんですけど、ここ（会場）は自治労会館ですよね。組合運動をしている人たちはおそらく監視対象になっているでしょう。どこまで大々的に監視されているのかはわかりませんが……。

それから余談ですが、さっき、元文科事務次官の前川喜平さんが新宿の出会い系バーに行ったことが読売新聞に書かれた話をしましたよね。中央省庁で局長以上の官僚というと、各省庁でナンバー一〇もしくはナンバー五以内の幹部ですが、そういう人たちに対する身辺調査も間違いなくやっていますよ。公安警察に言わせれば、中央省庁の局長や幹部クラスに、彼らが危険視している共産主義者や彼らが敵視している国のエージェントなどが入り込んでいたら大変なことになるからという理屈で。これを是とするか非とするかは政治的立場や国家観によって異なると思いますが、彼らに言わせれば、そんなことは許せない、危険だということになるわけです。おそらく前川さんはそうして尾行された結果として、新宿のバーに行っていることを把握されたんでしょう。そのぐらいの調査をしているのは間違いありません。

青木　『日本の公安警察』にも書いたんですが、公安警察の幹部から自慢話として聞かされた話があるんです。僕が公安警察の取材を担当していた一九九〇年前後の頃、ある中央省庁で、公安警察がかねてから共産党のシンパだと目していた人物が局長に昇進しそうになった。公安警察は「これはまずい」という判断をして、その官僚を徹底的に尾行して、私生活を調べ上げました。その結果、その人には不倫相手がいることがわかり、密会現場の写真を当該省庁の幹部に送って「この人は不適切ですよ」と伝え、人事を白紙に戻させたそうです。

大杉　それで言うと、むしろ前川さんはよく事務次官になれたなという気もするんですが……。これはすごく微妙な話なんですよ。前川さんが次官になる前か後に、先ほどお話しした杉田官房副長官に呼び出されて直接言われたそうですよ。「君、こういうところに出入りしているらしいけど、気をつけなさいよ」と。だけどそのまま次官になっているんです。杉田さんがどういうつもりでそんなことを言ったのかはわかりません。前川さんはのちに「なんでそんなプライベートなことを知っているのかと思って本当に驚いたけれども、杉田さんは親心でおっしゃってくれているんだと受け止めた」と話しています。

脅したのか、気をつけるよう促したのか、ただのアドバイスのつもりだったのか、実際のところはわかりませんが、つまりその程度のことであれば「文部科学事務次官にしない」という判断にはならなかったんでしょう。それが仮に「左翼運動をしていた」とか「左翼団体のシンパだった」

ということになれば、排除されたのかもしれませんが。おそらく「気をつけなさいよ」と伝えて政権としての危機管理をしたつもりなのでしょう。

政権のための警察であってはいけない

青木　政治と警察は距離が近くなると危険です。考えてみてほしいんですが、公安警察はそういう活動を日常的にしていますよね。その活動自体が不適切だという考えもあって、僕もそう思います。しかし、公安警察にしてみれば、さっき言ったように左翼、ましてや外国のスパイやエージェントが局長や事務次官になったら困るという論理で活動しています。百歩譲ってその論理を認めるとしても、彼らが得た情報が官邸に直接上がっていくという状況はどうなのでしょうか。杉田さんが前川さんに「気をつけろよ」と言ったのは、危機管理としてはありうるのかもしれません。でも、その後の加計学園問題で「総理のご意向」という文章がどこからか出てきて朝日新聞が報じ、菅官房長官（当時）が「怪文書だ」と言って蹴飛ばして何とか逃げ切ろうとしているときに、前川さんが実名で会見をして告発したわけですね。そして告発の直前に、読売新聞に特ダネとして「前川前次官 出会い系バー通い」という記事が出たわけですよね。これはどう考えても、前川喜平という告発者、政権から見て都合の悪い告発者を潰すために「こいつは出会い系バーに行ってるようなやつなんですよ」「こんなところに行くやつは信用できませんよ」と世間の心象を誘導しようとしたものですよね。

不幸中の幸いと言うべきか、前川さんは出会い系バーには貧困女性の社会調査という目的で行っていたそうです。だから前川さんの告発は社会的な意義を保ったんですが、失礼ながらもし前川さんが買春行為などをしていたら、あの告発は一切無視されたでしょうね。あるいは前川さんは徹底的に叩かれたでしょう。

公安警察が職務として集めた情報を、彼らの言っている危機管理や治安維持の目的で使っているのであればまだいいのかもしれない。しかし、その情報が最終的に政権の告発者潰しに使われた。政治と警察、なかんずく公安警察のようなこの国最大最強の情報機関に近い組織と政権が結びつくと、こういうことが起きるんです。これは非常に危険なことです。今回のヤジ排除も、いろんなところに出ている膿のうちの一つではないかと思います。

すみません、話が苦手だとか言いながらずいぶん話してしまいました(笑)。

公安は中央集権的な組織

大杉　一つ聞いてもいいですか。公安警察の警察官は都道府県警に所属している職員でありながら、警察庁警備局という国の機関からダイレクトに指示を受けるという、かなり特殊な建て付けになっていますよね。そういう人たちがヤジ排除の実行部隊になったことを考えるときに、当然、警察庁警備局が怪しいじゃないかという話になると思うんですよね。当時の警察庁警備局長をしていたのは大石吉彦という警察官僚で、警備局長になる前には首相秘書官を六年務めた人物です。つまり、安倍ちゃんの右腕として活動していた人が警察庁に戻って、その直後にヤジ排除事件があったとなれば、何か関与あったんじゃないのという素朴な疑問が出てくるわけなんですが、青木さんはどう思いますか。

青木　僕が通信社の記者として警視庁公安部を取材していたのは、一九九四年から一九九七年ぐらいまでです。オウム真理教のことで非常にバタバタしていた時期ですね。ところが、『日本の公安警察』を二〇〇〇年に出して以降、今度は逆に公安警察から調べられる側に変わったんですね（笑）。ですから、その後のことはわからないんです。警備局長だった大石という人物がどんな人で、警察内で札幌のヤジ排除事件に関してどういう動きがあったのかということも。

ただし、当時から変わってない一般論であり、むしろ当時よりも激しくなっていると思うことがあります。大杉さんがおっしゃったように、戦後、警察は自治体警察として再出発しました。要するに北海道警、青森県警、沖縄県警など、基本的にそれぞれの都道府県警は独立した組織として活動するというのが一応の建前となり、今もその建前は残っているんですね。これは、戦前戦中の警察が非常に中央集権的で、特高警察をはじめとして先の大戦や軍部の暴走の先導役になっ

道警ヤジ排除裁判原告・大杉雅栄

たという反省に基づくものです。ところが、それでは広域捜査などの面で不都合があったり、国家警察的な組織に望みを持つ人がたくさんいたりして、警察組織は結局どんどん中央集権的になっていきました。特に警察庁が設置されたことで、これを頂点として各都道府県警察がほぼピラミッド型の組織になるような状況が作られてきました。

その中で、なかんずく警備公安警察は極度に中央集権的な組織になっているんです。なぜかというと、一つは人事、一つはお金です。普通、警察予算というのは各都道府県で執行されるものですが、国の公安に関わる事項は基本的に国家の予算です。つまり、公安部門の予算の多くは、警察庁が牛耳っています。また、昔で言う国家公務員一種試験に受かって警察庁に入ったエリートの警察官僚が、各都道府県本部長や各部門のトップを務めるんですが、特に警備部門はその傾向が強いんです。そうやって金と人事を握ることで、極めて中央集権的な体制を作っていったんですね。

公安の大失敗

青木　警備公安警察の戦後史上、大失敗と言われる事件がいくつかあります。その中で最大の失敗は、一九八六年に発覚した盗聴事件[5]です。共産党国際部長（当時）の緒方靖夫さんという方の自宅が東

5　共産党幹部宅盗聴事件については、青木理『日本の公安警察』（講談社現代新書、二〇〇〇年）一二六～一三六頁を参照のこと。

京都町田市にあって、公安部は電話線を公安警察のアジトに引き込んで盗聴していたんですが、共産党の調査でばれてしまい、大騒ぎになったわけです。しかし、検察も微温的な捜査にとどまり、最終的には政治決着するような終わり方をしています。

この事件は、東京都町田市で起きたのに実行部隊が神奈川県警の公安部門で、当時の神奈川県警本部長は最終的に飛ばされるんですが、警察庁警備局から神奈川県警の公安部門に直接指示があってやっていたということです。ちなみに、盗聴していた部隊は、公安警察の隠語で当時は「サクラ」と言われていました。その後も「チヨダ」や「ゼロ」「ゼロナナ」など、いろんな暗号をつけられています。公安警察というのは、警察庁警備局が指示して、非合法、あるいはもう限りなくグレーに近いような活動をする部隊を各都道府県警の中に持っている。もちろん北海道警の警備部や公安部門でも、北海道警本部長が知らないところで警察庁警備局の指示を直接受けて勝手に動くということが平気でよくあります。

そういう意味では「自治体警察という建前なんてクソ食らえ」とでも言うような形で、警察庁警備局を中心とした公安部門はほぼ中央集権的な国家警察として動いています。それは七〇年代からずっと変わっていないと言って間違いないでしょう。

札幌のヤジ排除事件では、北海道警の公安警察のオールスターキャストが現場に来ていたそうですね。「安倍さんに絶対に失礼がないようにしろよ」というような指示が警察庁からあったのか、警察庁警備局に対する忖度があったのか、あるいは彼らにとっての危機意識みたいなものが背景にあったのか。どういうレベルで事件が起きたのかわかりませんが、いずれにしても警察庁警備局が今回の件を知らないなんてことはありえないし、むしろ警察庁警備局と連絡を取りながらやっていたと見るのが自然だと思います。

日本は民主主義を血肉化できていない

司会　ここからは質疑応答です。まずは、ヤジポイの会のメンバーで、日本の警察の研究をしている北海道大学大学院メディア・コミュニケーション研究院助教の許仁碩《シュジェンシュオ》さんからの質問です。

許　こんにちは。私は台湾出身で、ジャーナリズム論やジャーナリスト論を学生に教えています。「言論の自由を守るためには、まず言論弾圧の仕方を知らなければならない」という理由で今のポストに採用されたのかなと思っています。

一つ、コメントのような質問です。日本だけではなく世界各国で、警察組織の透明性を高めたり政治の中立性を守ったりすることは非常に難しいという状況があります。司法にはどうしても限界があって、司法の面でがんばって勝訴判決を取ったところで、警察が謝罪するかどうか、組織を改革するかどうかはやはり政治次第ですよね。民主主義の国の中で政治を動かすのは市民です。裁判官だけでは動きません。それはここにいるみなさんにとってはすでに当たり前の話だと思うのですが、無関心の人はたくさんいますよね。そういう多くの日本の市民に、どのようにこの問題を語ればよいでしょうか。これは私たちがずっと悩んできたことです。言論活動で活躍なさっている青木さんから答えをうかがえればうれしいです。

青木　難しいですよね。ご存じのとおり、僕が長くいた韓国と台湾には似たところがあって、長い間、軍事独裁政権あるいはかなり強権的な政権に牛耳られ、その中で人々が必死になって民主化を求めて戦い、勝ち取っています。民主化運動の闘士で韓国大統領にもなった金大中《キムデジュン》さんは日本のことを本当によく知っていて日本語も流暢なんですが、僕もインタビューしたことがあって、そのとき「日本は本当にすばらしい民主主義国家だけれども、僕が心配なのは、日本の人たちは自力で民主主義を勝ち取ったことがないということだよ」とおっしゃっていたんですね。彼の言う〝弱さ〟というのは、今もこうやってお話しながらも痛感しているところです。僕自身も戦後生まれですから偉そうなことは言えないんですが、今享受している言論の自由や報道の自由、その大切さを僕らは本当の意味で血肉化していないのではないか。韓国や台湾の人たちは、ついこの間までそれを奪われ、あるいは潰され、しかし自力で民主主義を勝ち取った国や地域の人たちですから、その辺の感覚が違うんでしょうね。

そういう成功体験があるから、韓国で政権がおかしなことをすれば、街頭に何万人、何十万人という人が出てきて、場合によっては政権を潰す。そうした姿を見て日本は、「韓国は極端だね」「いつも政権交代ばっかりしてる」「政権交代すると、韓国はゴールポストを動かす」などと言いますが、民主主義の国なんですから当たり前なんです。また、台湾は、最近でも蔡英文《ツァイインウェン》政権で同性婚を認めたりデジタル大臣にオードリー・タンのような人物を抜擢したりして、自由とか民主主義という点で日本の先を行っています。しかもご存知のとおり、日本は一人当たりの名目GDPをすでに韓国にも台湾にも抜かれています。

今のご質問の直接の答えにはならないし、逆にどうしたらいいか聞きたいくらいです。ただ、こじつけではありませんが、ヤジの排除というような、一見するとちょっと変わった人がヤジを発しただけと思われがちなことの中にも兆候はあるのですから、きちんと歯止めをかけて、問題を問題として可視化し眼前に突きつけておかないといけないという気はしています。

桃井　今の話について少しいいですか。日本は自力で民主主義を勝ち取ったことがないということについて、私も本当にそのとおりだと思います。私はヤジ排除事件の後に大学を卒業し、札幌地域労組という労働組合で働いていて、毎日のように労働相談を受けたり、職場の労働条件について会社と交渉をしたりしています。そこで感じるのが、選挙などで国を変えるのは大変でも労働組合を作って職場を変えるのはその一〇〇倍以上簡単だということです。規模の意味でも、会社は当然、国よりも小さいですし、組合は労働組合法によって会社と交渉する権利が担保されているので、声を上げる仕組みが整っているんです。賃金にしても、ハラスメントにしても、会社のコンプライアンス問題にしても、労働組合で解決できることは多い。労働組合運動は、職場の民主化運動です。職場を変えられれば、社会も変えられるという希望を少しは持てるようになると思います。そして、そういう希望を持った人が増えれば社会を変えられるのではないか。悪くなるばかりに思えるこの国の状況を変える一つの鍵は、労働運動だと私は思っています。

時効を過ぎてからの新証拠

桃井　会場から竹信弁護士に向けられた質問の中に（当日、参加者に質問用紙を配布して回収した）、私自身も気になっている質問がありました。高裁では、大杉さんを高橋はるみの選挙運動員が押している映像が、実際に「暴行」「差し迫った危険」があったことの新証拠として提出されたんですが、刑事事件としての暴行罪の時効は三年だそうです。つまり、その三年が過ぎた後に新証拠が提出されたのであって、我々はもう刑事事件として訴えることができません。そのことについて、会場からの質問は「これらの証拠を故意または過失で警察が隠していたのだとしたら、何らかの犯罪にはならないのでしょうか。あるいは何らかの法に触れないのでしょうか」というものです。

竹信　手短に答えますと、罪にはなりません。そのことは向こうもおそらくわかっているからこそ、このタイミングで新証拠を出してきたと思います。基本的には犯罪や刑罰というのは、国と加害者（または被疑者、被告人、犯人）の関係での話で、被害者は蚊帳の外なんですよね。それはよくないということで、最近は被害者が刑事裁判に参加できる法制度も充実してきていますが、両者の関係にそれ以外の人が口を出したり何かの利益を持ったりすることは基本的にないという仕組みになっています。

大杉　ただ逆に言うと、ヤジを飛ばした僕を押した人がいるということについて、道警は「暴行」と言いつつも、実質的にそれが刑事事件になるような内容ではないという認識を持っているということですよね。実際、その人物は起訴されてはいませんので。

竹信　そうですね。当然そういう評価を含んでいると思います。では被害者が加害者に何かできるかというと、基本的にそれは民事で、という話になります。民事の時効の問題は別に考えなければいけませんが、やろうと思えば、その人物に対して大杉さんから損害賠償請求はできます。ただ、その「暴行」によってどんな損害が生じたのかと考えると、なかなか金銭的には難しいと思います。

大杉　わかりました。また別途相談させてください（笑）。

逮捕の目的はダメージを与えること

司会　それでは次に、青木さんに選んでいただいた質問です。「公安警察についてのお話がありましたが、逮捕の基準、逮捕後の対応など、小林多喜二さんの時代と違いや差はありますか」

青木　この質問は本当に核心を突いていると思ったので選びました。公安警察にとっての逮捕と、刑事警察の逮捕はかなり違います。刑事警察だと、たとえば殺人事件があって被疑者を逮捕したとして、当然その被疑者が有罪なのか無罪なのかは刑事裁判の場で問われるわけです。それが仮に無罪ということになれば、つまり冤罪だったとなれば、裁判の場で司法に問われます。

一方、公安警察は基本的にそういう発想をしないんですね。さっき言ったとおり、彼らは自分たちが危ないと思う団体を監視したり情報収集したりして治安維持に眼目を置いています。公安警察にとって、逮捕は左翼をのさばらせないための一つの手段でしかない面がある。ですから、〝逮捕したのに起訴できない〟という事態はあまり気にしないですね。むしろ、逮捕によって、彼らが危険だと目している組織やメンバーにダメージを与えることができればそれでOKなんです。あるいは逮捕できなくても、その団体に対して強制捜査をかけてそこから資料をごっそり持っていって、その構成員などがわかれば、それでOKなんですよ。

だからそういう意味で言うと、小林多喜二の時代とあまり変わらないということですね。「逮捕して拷問して殺しちゃえばいいや」という考えまではさすがに今はないとしても、刑事警察と違って公安警察による逮捕や強制捜査は、その対象に対してダメージを与えたり情報収集したりするところに主眼が置かれていることに変わりはありません。まあこれは、ちょっとマニアックすぎる話ですし、知っておいても何の役にも立たないことですけど(笑)。

二三日間の逮捕・勾留は長すぎる

大杉　日本の特殊なところって、逮捕された後、勾留される期間が最大で二三日間あることですよね。一回逮捕したら、裁判にはならなくてもとりあえず二三日間拘束していられる。それが社会運動にとってどういうダメージがあるのかは日本社会を考える上で大きいことだと思います。ヨーロッパだと環境活動家があえて法律に触れるような抗議行動をして逮捕されたとしても、一晩とか経てば釈放されますよね。だから別に逮捕されても生活に大きな支障はないけど、日本で二三日間も拘束されてしまったら仕事もできないし学校にも行けないし家庭も崩壊するかもしれない。でもそれがもう当たり前になっている環境です。別に積極的に法に触れたいわけではなくても、そういう手段を日本では取りづらいという状況が、民主主義に与えている影響はあるんじゃないかと思います。これは公安だけの問題ではありませんが。

竹信　脱線していくんですけど、何が悪いかと言ったら裁判所なんですよね。逮捕というのは一回しかできないんですよ。その後、勾留していいかどうかは裁判所が審査するんです。そこで「逮捕はするけど勾留まではする必要がない」と判断すれば、釈放するわけですね。逆に「ちょっと犯罪の疑いがあるぞ」「証拠隠滅や逃亡のおそれがあるぞ」と裁判所が判断すれば、勾留できてしまう。裁判官には裁判官の言い分があるんだろうと思いますが、刑事弁護もしてきた弁護士の立場からすると、そういうところで裁判所は、本来刑罰ではないはずの逮捕や勾留のダメージを必要以上に大きくしている気がします。

さらに余計な話をすると、本来、逮捕というのは刑罰ではなく、単なる証拠保全の手段でしかありません。犯人が逃げないようにするため、あるいは証拠隠滅を防ぐためにやっているものなので、逮捕されたからといってその人が悪いと決まったわけではないし、その人を懲らしめたことになるわけでもないですよね。ところが、実際はみんなそういうふうに思っているじゃないですか。「悪いことしたら逮捕されるよ」と。逮捕されること自体が刑罰のような扱いになっていて、逮捕された時点で悪事をはたらいたことが確定したかのように扱われている。それはマスコミの

〟逮捕〟の扱い方が良くないからではないかと思います。逮捕されただけでそんなに急いで報道する必要はあるのかなと感じることがあるんです。それに、捜査関係者の話だけで記事を書いたり速報を出したりもしますよね。そういうことによって、〟逮捕者すなわち悪い人〟という雰囲気がどんどん増幅されている。こういう状況も日本の警察支配の構造に一役買っているのではないでしょうか。

LGBTQの運動は監視対象か

司会　続いての質問は青木さんに向けられたものです。「今日と明日はさっぽろレインボープライドの開催日なのですが、公安が危険視する〟特定の思想〟にはプライドパレードのようなLGBTQの運動も含まれますか。プラカードを持って首相演説などを聞きにいくと、怖い目に遭うのでしょうか」

青木　八〇年代や九〇年代の公安警察なら、LGBTQ、性的少数者というだけで危険視することはなかったかもしれません。ただしその中に、公安警察的に言えばですよ、たとえば新左翼の活動家とか共産党員、あるいは朝鮮総聯などのメンバーが入っているとなれば、関連団体として調査することになったでしょう。

先ほど申し上げたように、僕は今、公安を調べる側というより公安に調べられる側なんですが(笑)、それでもいろいろな人から話を聞いていると、日本の公安警察は変わってきているようなんです。一九九〇年代に冷戦体制が終わって、「いつまでも左翼あるいは共産主義が危険だなんておかしいんじゃないか」といったような意見が警察の中でも出始めました。それから、オウム事件は刑事部と公安部が一斉に全国で総力を挙げて捜査したにもかかわらず、公安が捜査を主導した事件は見事に全部未解決なんですね。たとえば警察庁長官狙撃事件[6]は結局犯人がわかっていません。「オウムがやった」と言っているだけで証拠は何もない。結果的に誰が撃ったのかいまだにわからないんです。公安警察が担当した事件は解決しないんですよ。はっきり言えば、公安警察にそういう捜査能力がないということなんですが。すると、さすがに警察内部でも「公安っておかしいんじゃないの」という疑問が生じるわけです。「あいつら人員も予算もいっぱい持っているけど、事件は全然解決できないし、あんなふうにやたら威張っているのはおかしいんじゃないの」と。

そうして二〇〇〇年代頃に公安部門の人員は減らされていきましたが、公安警察といっても基本的には役人であり官僚組織なので、一度手にした権限も金も人員も手離したくはなかったようです。一所懸命になって生き残りを図ったんですね。その生き残りを図る過程で浮上してきたの

6　地下鉄サリン事件から一〇日後の一九九五年三月三〇日に国松孝次警察庁長官（当時）が自宅マンション玄関前で狙撃された事件。国松長官は重傷を負うも一命を取り留めた。公安部主体の捜査本部が教団による組織的テロとみて捜査を進めたが、二〇一〇年三月三〇日に殺人未遂罪の公訴時効を迎えた。その際、オウム真理教の信者グループによるテロだったとする捜査結果を警視庁が公表したことで名誉が傷つけられたと主張するアレフが国家賠償請求を起こし、東京都による一〇〇万円の賠償が確定している。詳細については、青木理『日本の公安警察』（講談社現代新書、二〇〇〇年）一七七～一九一頁、青木理『ルポ　国家権力』（トランスビュー、二〇一五年）一一～三一頁を参照のこと。

が、中国や北朝鮮のスパイ、あるいはそうした国々への不正輸出などに目を光らせて「日本の国益を守るんだ」みたいなことを言っている外事警察です。そして一つの悪癖の例として出てきたのが、大川原化工機という横浜の非常に優れた町工場が公安警察の餌食になった事件です。[7] 公安警察はこの町工場を捜査したけれども、初公判の四日前に起訴を取り下げるという、弁護士の先生だったらよくわかると思いますが、およそありえない醜態を晒したんですね。

また、外事警察以外にも、一般政治情報みたいなものを集めて、時の政治権力に提供することで生き残ろうとする動きもあります。一時期は内部でこうした活動に「ＩＳ」という符丁が冠せられていたらしいですね。これ「インテグレーテッド・サポート」の略という説や、当時の警察庁警備局の幹部のイニシャルだという説があります（笑）。公安調査庁もそうなんですが、かつての〝反共〟から脱してもっと幅広い情報を集め、時の政治権力に提供することで生き延びようとしている。公安警察、思想警察、政治警察から、ある種の政治情報機関の役割へと移行しようとしている節があるんですね。

そういう意味では、今は以前よりもかなり幅広く調べているはずです。つまり、治安情勢や社会情勢に影響を与えるような団体、あるいは与党に対していろいろな形で抵抗している団体について情報収集しているでしょう。となれば、ＬＧＢＴＱ、性的少数者の運動もやはり調べられているということです。「左翼が入り込んでいるから」という理屈もありえます。

頭の中に公安を住まわせない

青木　ただし、気をつけなければならないのは、正体が見えないので「公安」と聞くとついつい何か強大な諜略機関のように思ってしまうのは間違いだということです。どこまで調べる能力があるのかについてもまた冷静に見なくてはいけません。でも、どうなんでしょうね。結論から言えばLGBTQの団体が調べられている可能性は十分にあると思いますが、しかしそんなことは気にしなくていい、萎縮する必要はないんです。なんというか、運動として一所懸命やっていくのがいいんじゃないかなという気がします。

大杉　公安警察という存在がこの国にあって僕たちを監視をしているかもしれないという事実は、やっぱり不気味だし嫌だなと思うんです。でもそのことを過剰に意識しすぎると、自分たちの頭の中に公安が住んでいるような状態になって、監視される前から委縮して行動しなくなってしまうということになりかねない。それだと向こうの思う壺だし、僕たちの理想としている自由で民主的

7　軍事転用が可能な精密機器を違法輸出したとして、外国為替及び外国貿易法違反の容疑で同社の大川原正明社長ら三人を警視庁公安部が逮捕、起訴した事件。社長らは二〇二〇年三月の逮捕から約一一カ月にわたって身体拘束され、その間に同社顧問の相嶋静夫さんは胃がんが悪化して二〇二一年二月に死去。社長らは同年九月に国と東京都を相手に東京地裁に提訴。証人尋問で捜査を担当した警察官が事件について「捏造だった」と証言した。二〇二三年一二月二七日、東京地裁は捜査の違法性を認め、国と東京都に一億六〇〇〇万円の賠償を命じたが、原告は「故意的に事件が作り上げられたものだという構造を踏まえた事実認定をしてほしい」として控訴している。

な社会には近づけないので、あんまり気にしすぎるのも変な話かなと思います。

桃井　デモや集会では写真を撮られたくない人のためのゾーンが用意されていることがありますよね。野外でのスタンディングだと結構目立ったりもするので、そうしたスペースがある意義はよくわかります。特に、さっき言ったようなＬＧＢＴＱ系の活動ではその顔や姿を写すこと自体がアウティング（本人から了解を得ずに、性的指向や性自認などを言いふらす行為）になってしまう可能性もありますから。ただ、声を上げること自体は普通のことなので、デモや集会への参加を過剰に意識することで、その運動に「顔も出さずにいつもコソコソやっている」という印象を持たれてしまうことへの不安もあります。だからこそ、声を上げることは買い物に行くとかバスに乗るとか、そのぐらい普通のことだと捉えていたいなと思います。

司会　このヤジ排除事件に触発されて「きちんと声を上げて主張していかなければいけない」と思ったＬＧＢＴＱ当事者が、昨年七月の参院選で岸田首相が札幌に来たときに、「くたばれ伝統的家族観！」などと書かれたプラカードを掲げて意思表明をしたということがありました。ちなみに排除はされていないです（笑）。ちなみに、このときの様子は、映画『ヤジと民主主義』にも出てきます。そういう連帯が生まれているという事実も付け加えておきたいと思います。

目立ちすぎると逆に弾圧されない説

司会　続いて大杉さんへの質問です。「運動体あるいは一個人として、公安警察とどのように戦い、防衛していくべきなのか意見をいただきたい」ということですが、いかがでしょう。

大杉　いやあ、どうしたらいいんでしょうね。僕は昔から他の人以上に「公安警察というのは日本の民主主義を考える上で〝がん〟のような存在である」と思っていたんですよね。そういうところに幸か不幸かこのヤジ排除事件が起きてしまったので、結果として正面から公安と戦うことができることになって、僕はすごくうれしいんですよね（笑）。「監視されている」という気持ち悪さを感じないわけではないですが、僕の個人情報なんか裁判の書面などを通して向こうも一通り入手しているだろうから、もはや防衛することができないですよね。つまり、これは役に立たないアドバイスなんですが、これくらい目立ってしまえば逆に弾圧されないんじゃないかな（笑）。裁判をして矢面に立ってメディアにもどんどん露出して事件が注目される中で、警察は何か理由をつけて、たとえば赤信号無視をしたからという理由で僕を逮捕することもできるわけですよね。できるわけだけれども、そんなことしたらどうなるのという緊張感があるから、うかつに手出しはできない。そういう意味で、「目立つことによって監視を無意味化させる」という手はあるかもしれません。でも大体の場合は、情報収集されたところで具体的に不利益を被ることはそれほどないんじゃないのかなとは思いますけどね。桃井さんはどうですか。

桃井　不利益についてですか。私は自分の予定やプライベートは向こうに全部知られているという前提で生活していますね。自意識過剰かもしれませんが、警察を相手に裁判をしているので、そう思わざるを得ない。不当だと思いますし、気持ちのいいものではないですが、つまり、すでにこうやって事件化されて原告という肩書きを得た状態で私がどこかに連れ去られるようなことがあれば、世間で問題化されやすいはずなので、その意味では安心かなと、いま思います。でも、今日私が着ているTシャツもそうですけど（無地のTシャツに中国語で「女权主义者长这样。」と書いてある。「フェミニストはこんな感じです」という意味）、これは中国で活動するフェミニストからもらったものです。たとえば中国は、日本なんて比べ物にならないぐらい警察が超強いし、弾圧も激しい国ですよね。そういう中で、本当に大変な状況でも声を上げる人がいるという事実からは、学ぶべきことがたくさんあると思います。いずれにしても、声を上げる人が増えれば、一人一人が目立たなくなるのは間違いないです。

公安に都合のいい法律が次々と

桃井　私からの質問ですが、青木さんは「中央省庁のトップクラスの人たちはみんな公安の監視対象だ」とおっしゃっていましたけど、官僚も自分の生活を監視されるのってすごく嫌だと思うんですよね。およそ権力の中枢から程遠い我々が「公安いやだ」と言っても大した影響力はないですけど、省庁ごとの違いはあっても官僚は我々よりも政治のあり方を変えやすい立場にあると思います。たとえば前川さんの事件を見て「自分もこうなるかも」と不安に思い、何か公安に抵抗する動きが出てもいいはずなのに、それがないのはなぜでしょうか。もちろん、「政権に従順でさえあればいいから問題なし」という認識もあるだろうとは思うんですが。

大杉　僕も青木さんに聞きたいです。特定秘密保護法[8]もその〝特定秘密〟を扱う人が適格者かどうかを判断するために、官僚などの素行調査をすると言われていたと思うんですけど、あれも公安の仕事なんでしょうか。

青木 あの、私がお二人の話を聞いていて思ったのはですね、大杉さんも桃井さんも二四時間尾行されても別に困らないということは、よっぽど真面目な生活をされているのかなと……。

大杉 いやいやいや（笑）。そこまで言ってないですよ！

青木 でも僕なんかは……困りますよね。

桃井 いや、私も困りますよ！

青木 それで先ほどのお二人の質問に答えるなら、特定秘密保護法の身上調査みたいなものって、本当に機微な情報を扱う人物であれば、やっぱり公安警察がきちんと調べるでしょうね。これも不思議な

8 漏洩すると国の安全保障に重大な問題が生じるとされる情報を取り扱う人を調査・管理し、その情報を外部に知らせたり、外部から知ろうとしたりする人などを処罰する法律。二〇一三年一二月に成立した。

話なんですが、配偶者がアメリカ人だとOKだけど在日朝鮮人だとアウトだとか、そういう差別的な判断がなされるという説まである。ただこれは僕らだけでなく政治権力の側も考えるべきことなんですが、怖いんですよ。公安警察という組織が中央省庁の幹部クラスのプライベート情報まで集められるような能力、これは恐るべき力なんです。これをもってすれば人の息の根を完全に止めることができます。

名前を何度も出して悪いですけど、前川さんがもし出会い系バーで買春なんてやっていたらもう、あの瞬間に彼はすべてが終わったわけです。そういう情報を集める機関の存在が、百歩譲って必要だとしても、かなり民主的に統制しておかないと極めて危険です。ところが、安倍さんも菅さんも岸田さんも能天気に警察官僚を政権中枢に招き入れて、思いきり権限を渡してしまっています。特定秘密保護法にせよ、重要土地利用規制法[9]にせよ、ろくな歯止めも利かせないまま、公安警察が喜ぶような法律を次々に投げ与えているわけですね。公安警察にしてみれば、しばらく斜陽だったものの、公安警察出身の官僚が官邸に入り込んだことで、長年欲しくて欲しくてたまらなかった法案が次々と手に入ったわけです。通信傍受法[10]も強化されましたよね。政治家たちは治安維持といった国家主義的な思想に基づいて、「警察がそういう権限を必要だと言うのであれば必要だろう」と考えているようです。

でも、僕もみなさんも中央省庁の幹部もそうですが、調べられたらまずいことの一つや二つ、誰だってありますよね。「これは知られたくないな」とか、「これを調べられたらたまらないよな」とか。でもそれを調べる能力を公安警察は持っているので、場合によっては政治に対してちょっかいを出すことだって可能になるんですよ。仮定の話ですが、「安倍さんがあれだけ警察に有利な法律を投げ与えたのは、安倍さんが何か警察につかまれたからじゃないの」とすら思います。「妻以外に愛人がいるとか、他に隠し子がいるといったような話をつかまれて、だからこそ安倍さんは警察官僚をこれだけ重用したんじゃないの」と。そういうことだって、可能性としてはありうるわけですよね。

だからこそ、本来、警察は、主に民間有識者で構成される各都道府県の公安委員会が各都道府県警を民主的に統制するという形になっているわけです。また、それと同時に「政治が直接警察に手を出したらまずいよね」ということで、公安委員会制度は防波堤にもなっているわけです。たとえば国家公安委員会のトップは国家公安委員長でこれは閣僚ですが、それ以外の委員は民間人から選ばれた有識者で、合議によって警察を管理しています。そうすることで、政治が直接警察に手を突っ込んで「あいつを逮捕しろ」「こいつを逮捕するな」「あいつを調べろ」などと指示することが起きないようにしているんです。政治が警察に口を出したり、警察が持っている情報を使って政治にちょっかいを出しはじめたら警察国家になってしまいますから。

しかし今、公安委員会制度は骨抜きにされてほとんど意味をなさない状態です。その上、警備

9 自衛隊の基地や原発など、安全保障上重要とされる施設の周辺などの土地利用を規制する法律。二〇二一年六月に成立した。

10 組織的な犯罪の捜査において、犯罪にかかわる電話やメールなどの傍受を認める法律。一九九九年八月に成立した。

公安警察出身の警察官僚が官邸に深々と突き刺さってほぼ政治と一体化して動いてるような状況ですから、非常に危ない。

リベラルの人や反戦を唱える人に向けて「平和ボケ」とか「お花畑」などと右派の人たちがよく言いますが、僕はむしろあなたたちの方がそうじゃないか、と思います。警察という組織や事実上の軍事組織である自衛隊、防衛省などは、民主的にコントロールできる体制をきちんと作っておかないと、闇の向こうで暴走したらとんでもない力になるわけです。それなのに、これだけ能天気に次々と強権を与えて大丈夫ですか、歯を剥いてきたら一体どうなるのかわかりませんよ、と思います。

政府にとって情報機関は両刃の剣

青木　日本は戦後、専門の情報機関というものを基本的に持たないでここまできたんです。アメリカだったらCIA、韓国だったら国家情報院、あるいはかつて民主化運動を徹底弾圧したKCIA。中国や北朝鮮もそうです。ロシアもそうです。プーチンは元々KGB出身だから、情報機関の連中を側近において彼の強権政治を支えるような体制を作ってきたんです。一方で戦後日本が情報機関を持たないできたのは、やはり戦前戦中、治安機関や情報機関が肥大化して国が暴走したことへの反省に基づくのですが、一部では「情報機関はやっぱり必要じゃないか」ということを考え、警察の一部門である公安警察がその役割を事実上担ってきたわけですね。だから公安警察は限りなく情報機関に近いんですが、あくまでも警察の一部門です。でも今、「独立した情報機関を持とう」という声があります。

後藤田正晴《ごとうだまさはる》という、元警察庁長官のいわゆる治安官僚がいて、中曽根政権で抜擢されて政治家に転身しました。晩年はまるでリベラル派のような扱いをされましたが、戦前に内務省に入って戦後は警察官僚として歩み、警察庁長官まで務めたバリバリの警察官僚です。しかし一方で彼は非常に見識があって、戦争や治安機関の怖さをよく知っていました。彼が亡くなる前に朝日新聞のインタビュー[11]を受けて「新たな政府の情報機関を作るとして、どういう内容のものであるべきだとお考えですか」と問われた際に、「謀略はすべきでない。かつて坂田道太防衛庁長官（七四〜七六年）が『ウサギは相手をやっつける動物ではないが、自分を守るために長い耳がある』と言ったが、僕は日本という国を運営するうえで必要な各国の総合的な情報をとる『長い耳』が必要だと思う」と答えたんですね。ここまではいかにも治安官僚らしい答えなんですが、そのあとに続けて言ったのが、「ただ、これはうっかりすると、両刃《もろは》の剣になる。いまの政府、政治でコントロールできるかとなると、そこは僕も迷うんだけどね」。つまり、情報機関や治安機関というのは、もしかすると国家や治安の維持、あるいは情報収集のために必要かもしれないけれども、政治や社会が慎重に民主的に統制しておかないと、ときにとんでもないことをしでかすということを後藤田はよくわかっていたわけですね。

11　二〇〇四年九月二一日朝刊「通信傍受、米が主導（インテリジェンス情報力　自衛隊五〇年）」。

今回のヤジ排除事件もそうですよね。事実上の情報機関でもある公安警察がやったことですから。情報機関や治安機関が暴走したときは怖いんです。今回はその暴走のほんの小さな形であったかもしれませんが、社会体制の左右や古今東西にかかわらず、情報機関や治安機関はちゃんと統制をしておかないとまずい。そのことだけは、本当に何度も強調したいと思います。

トークを終えて

司会　まだまだうかがいたいこともありますけれども、これで質疑応答を終了させていただきます。

青木さん、本日は札幌までわざわざお越しいただきありがとうございました。また、会場にお越しくださったみなさんもありがとうございます。いつも『ポリタスＴＶ』や『サンデーモーニング』などで画面の向こうにいらっしゃる青木さんがこうして札幌までお越しくださり、お話をうかがえたことが本当にうれしいです。

他にも、青木さんの今までのお仕事の中で、たとえば植村隆《うえむらたかし》さんのこと[12]など、札幌に関することもうかがいたいと思っていました。

植村さんは、朝日新聞記者時代、韓国人の金学順《キムハクスン》さんが元慰安婦として初めて名乗り出た際、記事を書いたことから攻撃対象とされ、嫌がらせや脅迫、殺害予告が相次ぎました。右派からも散々攻撃され、「ジャーナリスト」とされる櫻井《さくらい》よしこは、植村さんの記事を「捏造」と叩いています。植村隆さんは、櫻井よしこを名誉棄損として提訴し、札幌地裁、札幌高裁、最終的には最高裁までいきましたが、残念ながらすべて植村さんの敗訴で終わってしまいました。こういった歴史修正主義や差別に関する問題は、大変重要ですし、別の機会に論じられたらいいなと思います。

ともあれ、青木さんが大好きな温泉にゆっくり浸かるためにも、ぜひまた札幌にお越しください。ありがとうございました。

それでは、登壇者のみなさんからも一言ずつ感想をいただけますか。

桃井 今日は青木さんからいろいろなお話をうかがえて本当によかったです。ありがとうございました。ヤジ排除事件は、裁判で勝てても、表現の自由を行使するわれわれ市民の側の意識が変わらなければ問題の根本は解決しないと思っています。その意味で、今日はたくさんの人と問題意識を共有できて心強かったです。

大杉 公安警察というなかなかマニアックなテーマの話を青木さんに聞きたいという願いが叶ったので、今日は大変満足しました。さっきも言いましたが、一方では「この国には公安がいる」ということを気にしつつ、一方ではやるべきこと、声を上げることをためらわずにやっていきたいです。気にしすぎて萎縮してもしょうがないし、人生は短いので。

裁判を通して公安警察を白日のもとに引きずり出し、その活動の違法性や問題性について提

12 青木理『抵抗の拠点から 朝日新聞「慰安婦報道」の核心』(講談社、二〇一四年)。

起することができたのはよかったかなと思います。ありがとうございました。

竹信　今日は青木さんに大変面白いお話をしていただきまして、公安警察というものについて知識が深まったかなと思います。表に出る事件を扱う弁護士にとって、そういう根っこのところまで洗い出すような機能を担うのはなかなか難しく、やはり表に出てきた氷山の一角をえぐって争うしかない気がしますが、どこまで自分ができるかを日々考えていきたいなと思います。ただ、一公民としては非常に興味深い話でした。

青木　どこまで参考になったかわかりませんが、楽しかったです。原告の二人とは初めて直接会ったんですけれども……変わった人たちですよね。でもこれは真面目な話なんですが、変わった人たちこそが〝炭鉱のカナリア〟なんですよ。それを理解せずに「変わった人たちだから仕方ないよね」と言って排除されるままにしておくと、今度はその次に変わった人たちが排除されますよね。そしてさらにその次に排除されるのは、あんまり変わっていないと自分では思っているんだけど、社会的には変わっていると言われるような人たち、おそらくここにいるような人たち全員です（笑）。ですから、本当に声を上げなければいけませんし、それだけでなく、真っ正面から国家権力と裁判で闘っているカナリアたちとどう向き合うかということも非常に重要です。

きっとみなさんがいちばん言いたいのは、「じゃあメディアはどうなんだ」ということですよね。「お前らはどうなんだ」と僕も突きつけられているような気がしています。メディアの問題は、ジャニーズの問題にしても統一教会の問題にしても情けないなと深く首を垂れるしかないですけれども、僕はその片隅で仕事をしているわけですから、これからもできる限り発信していきます。みなさんもどうぞ一緒にがんばっていただければと思います。今日は本当にどうもありがとうございました。

おわりに――裁判で勝つだけでは意味がない

道警ヤジ排除裁判原告・札幌地域労組書記次長
桃井希生

ヤジ排除問題は、違法行為ではあるけれど、裁判で勝つだけでは意味がないとずっと思っていました。

二〇一九年七月一五日、私たちへの排除は公衆の面前で行われたにもかかわらず、現場でその排除に異を唱える人はほとんどおらず、周りにいる人も多くのテレビカメラも、遠まきに見ているだけ。メディアで問題視されるようになったのも、SNSでこの事件が問題化された後でした。「ヤジを飛ばした人は警察から排除されても仕方がない」という意識を、そこにいる人が多かれ少なかれ抱いていたということの表われなのではないかと思います。社会運動、特にデモに行ったりスタンディングをしたりといった運動に参加する人がまだまだ少ないこの社会で、路上で声を上げる権利の切実さは伝わりづらいかもしれません。

でもそのことには大して驚いていません。普段自分がとらない行動であれば、それを制限されたところで強い問題意識を持ちづらいというのは自然なことだと思います。だからこそ、ヤジ排除事件が本当の意味で解決されるのは、多くの人がヤジを自分自身の権利だと認識するようになってからだと思います。違憲・違法だと裁判所が判断したとしても、その権利を市民が求めていなければ、憲法も法律もいつ変えられてしまうかわかりません。

道警はヤジ排除を正当化するために、「ヤジった人が自民党員から危害を加えられる恐れがあった」「ヤジった人が周囲に危害を加える恐れがあった」といったおかしな主張をしています。また道警が提出している〝証拠〟も、ヤフーニュースのコメント欄や排除場面の再現動画など、やはりおかしなものばかりなので、この事件のおかしさについて話したいことはたくさんあります。しかし、私の一番の問題意識は「市民がヤジを自分自身の権利だと認識する」ことにあります。ヤジは一部の〝勇気ある〟人間の行動ではないのです。私自身、ヤジを飛ばしたのなんてヤジ排除事件のときが最初で最後なので、胸を張って言えることでもないのですが、ヤジすら飛ばせない社会で、じゃあいったいどんな表現の自由があるのかと思います。

ヤジ排除事件以後、デモやスタンディング、駅前の集会など、路上での運動によく参加するようになりました。毎回思うのは、路上のアクションそれ自体が、社会と自分をつなげ、その問題について考える機会になっているということです。その問題に対する、地域市民の態度というのも痛感します。ある駅前集会で、「ガザでの虐殺に反対しています」と言いながらビラを配っていると、「大丈夫です」と言って断られました。よくあることです。「何が大丈夫なんだろう」と思いながら別の人にビラを渡して、たまにビラを受け取ってちらっと見てくれる人に、少しでもこの問題の深刻さが届いてほしいと願いながら、また別の人にビラを渡します。街頭で声を上げることで、その行動を見た人に問題を認識させることができるのと同時に、自分自身のその問題との関わり方も変わってきます。

最高裁でもヤジ排除の違憲性・違法性は認められると信じていますが、万が一負けたら負けたで、「この国の司法制度ではヤジを飛ばす権利すら認められていない」というところから日々を始めるしかありません。社会は変えられるし、どう変えたいかは私たちが決められます。あとは声を上げるだけです。

二〇二四年四月一五日

青木理（あおき・おさむ）
ジャーナリスト、ノンフィクション作家。1966年、長野県生まれ。慶応大卒業後、1990年に共同通信入社。大阪社会部、成田支局などを経て社会部記者。警視庁の警備・公安担当などを務める。その後、韓国・延世大学の韓国語学堂に留学し、外信部へ。2002年から 2006年までソウル特派員。2006年に独立し、フリーランスに。現在は、雑誌や書籍などでノンフィクション作品を発表する一方、テレビやラジオのコメンテーターなどとしても活動している。主な著作は『日本の公安警察』（講談社現代新書）、『国策捜査　暴走する特捜検察と餌食にされた人たち』（角川文庫）、『ルポ 拉致と人々　救う会、公安警察、朝鮮総聯』（岩波書店）、『安倍三代』（朝日文庫）、『日本会議の正体』（平凡社新書）、『抵抗の拠点から　朝日新聞「慰安婦報道」の核心』（講談社）、『ルポ 国家権力』（トランスビュー）、『情報隠蔽国家』『カルト権力　公安、軍事、宗教侵蝕の果てに』『時代の反逆者たち』（以上、河出書房新社）など。

竹信航介（たけのぶ・こうすけ）
弁護士。1981年、東京都生まれ。東京大学法学部、北海道大学法科大学院を卒業後、2010年に弁護士登録し、札幌弁護士会に所属。現在、日本労働弁護団、ブラック企業被害対策弁護団に所属するほか、道警ヤジ排除裁判の弁護団員も務める。オセロ四段。

ヤジポイの会
2019年7月15日に札幌で起きた道警ヤジ排除問題の当事者とその友人で構成される有志の会。抗議デモや集会などを通して事件の実態や裁判の進行状況を伝えている。なお、名称は最初の抗議デモの際に掲げた横断幕の言葉「ヤジも言えないこんな世の中じゃ…POISON」を略したもの。

寿郎社ブックレット8
ヤジと公安警察《こうあんけいさつ》

発　行　2024年5月1日　初版第1刷
編著者　青木理　竹信航介　ヤジポイの会
発行者　土肥寿郎
発行所　有限会社 寿郎社
〒060-0807 札幌市北区北7条西2丁目 37山京ビル
電話 011-708-8565　FAX 011-708-8566
E-mail info@jurousha.com　URL https://www.jurousha.com
印刷・製本　株式会社プリントパック

＊落丁・乱丁はお取り替えいたします。
＊紙での読書が難しい方やそのような方の読書をサポートしている個人・団体の方には、
必要に応じて本書のテキストデータをお送りいたしますので、発行所までご連絡ください。

ISBN 978-4-909281-58-6 C0036

寿郎社ブックレット

7 「九九」が言えないまま大人になる子どもたち
平山裕人　定価：本体八〇〇円＋税　978-4-909281-57-9

6 ミャンマーの民主化を求めて　立ち上がる在日ミャンマー人と日本の市民社会
玄武岩・藤野陽平・下郷沙季編著　定価：本体一一〇〇円＋税　978-4-909281-47-0

5 〈聞き書き〉新しい家族のカタチ　子どもを迎える／育てる女性カップルたち
遠藤あかり・大島寿美子　定価：本体一一〇〇円＋税　978-4-909281-52-4

4 新たな時代の〈日韓連帯〉市民運動
玄武岩・金敬黙編著　定価：本体一〇〇〇円＋税　978-4-909281-33-3

3 「慰安婦」問題の境界を越えて
テッサ・モーリス－スズキ・玄武岩・植村隆　定価：本体八〇〇円＋税　978-4-909281-03-6

2 北海道からトランプ的安倍〈強権〉政治にNOと言う
徳永エリ・紙智子・福島みずほ　定価：本体七〇〇円＋税　978-4-902269-95-6

1 泊原発とがん
斉藤武一　定価：本体七〇〇円＋税　978-4-902269-87-1